Première fois sans mes parents

Le guide de survie pour quitter le nid avec style

INTRODUCTION

Salut a toi jeune adulte !

Es-tu prêt à quitter le nid familial et à voler de tes propres ailes?

Si c'est le cas, alors ce livre est fait pour toi! Je vais te guider à travers toutes les étapes pour te préparer à ton grand départ et à vivre enfin seul.

Je vais commencer par établir un budget solide, pour que tu saches combien tu peux dépenser sans te ruiner.
Une fois que tu as trouvé ton logement, je te donnerai tous les conseils pour avoir tes papiers en ordre et prêts à partir.

Vivre seul signifie aussi apprendre à faire toutes les tâches ménagères.
Ne t'inquiète pas, tu auras des astuces pour apprendre à cuisiner des repas délicieux et sains, et pour maintenir ta maison propre et ordonnée.
Je ne veux pas que tu deviennes un peu fou, alors je te donnerai également des conseils pour établir une routine efficace et pour entretenir tes relations sociales.

En conclusion

Ce livre est ton guide pour une vie indépendante réussie ! Tu verras que ce n'est pas aussi effrayant qu'il en a l'air, et que avec un peu d'organisation et de préparation, tu pourras vivre ta vie comme tu le souhaites.

Alors, allons-y!
Préparons ensemble ton départ de chez tes parents!

Le départ de chez ses parents c'est quoi ?

Le départ de chez ses parents, c'est un peu comme quitter le nid d'un oiseau.
Tu es prêt à voler de tes propres ailes et à vivre ta vie comme tu l'entends ?

C'est une étape importante pour un jeune adulte, car cela signifie de prendre en charge sa propre vie, ses finances et sa maison.
Tu vas devoir apprendre à faire des choix d'adultes, comme établir un budget et trouver un logement.
Mais ne t'inquiète pas, tu vas aussi découvrir de nouvelles choses excitantes, comme la cuisine!
Oui, tu vas pouvoir te faire des repas délicieux et sains.
Et tu vas aussi apprendre à être responsable de ton espace, en maintenant ta maison propre et ordonnée.

En vivant seul, tu vas également développer tes relations sociales et établir une routine qui te convient.
Ce n'est pas toujours facile, mais c'est une expérience incroyablement enrichissante qui te permettra de grandir et de devenir une personne plus indépendante.

Alors ne t'inquiète pas, lance-toi!

Tu vas voir que c'est un voyage incroyable, plein de défis et de découvertes.

Tu vas te sentir libre et heureux de vivre ta vie comme tu le souhaites.

Et ce sera tout simplement génial!

Alors, prends ton courage à deux mains et prépare toi à décoller!

SOMMAIRE

12 — *Établissement d'un budget*

20 — *Recherche de logement*

26 — *Préparation des documents*

30 — *Emballage des affaires*

34 — *Le transport*

38 — *Tâches ménagères*

58 — *Apprendre à cuisiner*

106 — *Style de Vie*

114 — *Points clefs du livre*

120 — *Mon suivi journalier*

Établissement d'un budget

"Un budget bien établi est la voie royale vers la liberté financière."

Tu es sur le point de partir de chez tes parents pour vivre ta vie indépendante, c'est une étape très excitante, mais il est important d'être préparé.
L'un des premiers et des plus importants aspects à prendre en compte est l'établissement de ton budget.

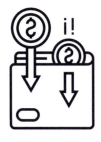 ## Détermine tes revenus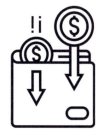

Pour commencer, tu dois savoir combien d'argent tu as à ta disposition chaque mois.
Ton salaire est le principal revenu que tu auras, mais il peut y avoir d'autres sources de revenus, comme les aides ou un petit job en plus et d'autres encore.

Par exemple, tu gagnes 1250 euros par mois et tu reçois 250 euros de la CAF, ce qui fait un total de 1500 euros de revenus par mois.

C'est ce montant qui sera utilisé pour couvrir toutes tes dépenses.
Il est important de noter toutes les sources de revenus pour s'assurer de ne pas les oublier lors de la planification du budget.

Les revenus irréguliers, tels que les bonus ou les heures supplémentaires, ne sont généralement pas inclus dans le calcul du budget.
Les revenus provenant de sources illégales ne sont évidemment pas pris en compte.

De plus, certains types de revenus, tels que les indemnités de départ ou les pensions alimentaires, peuvent ne pas être réguliers et peuvent donc ne pas être inclus dans le budget.

Il est important de ne compter que sur les revenus stables pour établir un budget réaliste.

Ici
Tu peux déterminer tes revenus

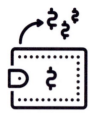 **Détermine tes dépenses**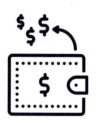

Tu dois savoir combien d'argent tu gagnes chaque mois et combien d'argent tu dépenses chaque mois.

Prenons l'exemple avec toi, qui gagne 1250€ plus 250€ de l'aide de la CAF, donc ton budget total est de 1500€.

Maintenant, tu vas devoir déterminer toutes tes dépenses mensuelles. Cela peut inclure le loyer, la nourriture, les transports, les factures d'électricité, d'eau, etc. N'oublie pas d'inclure aussi une certaine somme pour les loisirs et les achats personnels.

Exemple :

150 euros (essence)
40 euros (assurance voiture)
200 euros (nourriture)
15 euros (téléphone)

20 euros (internet)
60 euros (santé)
100 euros (frais imprévus)
200 euros (frais de loisirs)

OK, maintenant que tu connais toutes tes dépenses mensuelles, il est temps de les comparer à tes revenus.

Pour rappel, tu gagnes 1250 euros plus 250 euros d'aide de la CAF, soit un total de 1500 euros par mois. En comparant tes dépenses à tes revenus, tu peux voir combien d'argent tu as disponible chaque mois.

Pour ce faire, tu peux simplement soustraire tes dépenses de tes revenus :

1500 (revenus) - 150 (essence) - 40 (assurance voiture) - 200 (nourriture) - 15 (téléphone) - 20 (internet) - 60 (santé) - 100 (frais imprévus) - 200 (frais de loisirs) = 715 euros

Donc, tu as 715 euros disponible chaque mois pour ton logement, et économiser de l'argent.
Il est important de noter que ce genre de budget est estimatif et que les dépenses peuvent varier chaque mois.
Il est donc important que tu détermines tes dépenses régulièrement pour s'assurer que tu restes sur la bonne voie financièrement.

Une fois que tu as une idée de toutes tes dépenses, tu vas pouvoir déterminer combien d'argent tu peux dépenser pour ton loyer chaque mois.
Assure-toi de ne pas de dépenser plus que ce que tu gagnes.

Si tu fais ça, tu vas devoir emprunter de l'argent et cela peut te causer des problèmes financiers plus tard.

**Et ici
Tu peux déterminer tes dépenses**

En conclusion

Etablir un budget est important pour savoir combien d'argent tu peux dépenser pour ton loyer et pour t'assurer que tu vas pouvoir payer toutes tes dépenses mensuelles sans avoir de problèmes financiers.

ETAPE SUIVANTE

Recherche de logement

"La recherche d'un logement n'est pas seulement la recherche d'un toit, c'est la recherche d'un foyer où l'on se sent en paix et en sécurité."

Maintenant que tu connais tes dépenses, il est temps de passer à la recherche d'un appartement.

Trouver un endroit où vivre peut être excitant, mais il est important de prendre en compte plusieurs facteurs afin de s'assurer de trouver l'appartement idéal pour toi.

Quand tu cherches un appartement, il y a plusieurs choses à penser

Où il est : C'est important de savoir où l'appartement est situé, est-il à coté de mes études? De mon travail ? Des transports en commun? De supermarché? etc.

Combien ça coûte : Il faut savoir combien tu peux payer pour ton loyer. N'oublie pas également que tu doit inclure les coûts pour l'eau, l'assurance habitation, l'électricité, et internet.

Ce qu'il y a dedans : Il faut penser à ce que tu aimes dans un appartement. Est-ce qu'il y a assez de place pour tes affaires ? Est-ce qu'il y a une terrasse ou un balcon ? Regarde si le logement est équipé d'une climatisation, le mode de chauffage pour ne pas trop consommer, un système de sécurité, etc.

Le contrat : Avant de signer un contrat pour l'appartement, lis-le soigneusement pour savoir ce que tu dois faire et ce que tu ne dois pas faire.

Il est essentiel de prévoir au moins un mois de caution lors de la recherche d'un logement, voire davantage si tu passes par une agence.

Je le trouve comment mon logement ?

Pour que tu trouves un appart, t'as plusieurs options :

Cherche en ligne

Sur le net, il y a plein d'annonces d'apparts à louer.
Utilises des sites web pour trouver des apparts.
Rajoute tes critères, comme le loyer, l'emplacement pour affiner tes recherches.

Avantages : facile , rapide , large sélection
Inconvénient : contact humain , information peu fiable

Par une agence immobilière

Les agences immobilières peuvent t'aider à trouver un appart.
Tu leur dis ce que tu cherches et ils te proposent des apparts qui correspondent à tes critères.

Avantages : expertise , temp gagner , plus de choix
Inconvénients : coût , moins de contrôle (horaires …)

Demande à des potes et à ta famille

Si tu connais quelqu'un qui vit dans un endroit où tu voudrais habiter, demande-leur s'ils savent s'il y a des apparts dispo.

Avantage : aide personnelle , référence fiable , ressource supplémentaire
Inconvénient : limitation de choix , manque de temps

 RÊVE PAS !!!!

Plus un appartement est bien situé et équipé, plus il coûte cher.

 C'est comme ça que ça marche.

En résumé

Pour trouver un appartement c'est important de penser à l'endroit, le coût, ce qu'il y a dedans et autour, et de lire le contrat avant de signer pour être sûr que c'est l'appartement qu'il te faut. Avec un peu de patience et de planification, tu peux trouver l'appartement parfait pour toi.

Note tes recherches

 →

 →

 →

 →

 →

 →

 →

 →

Aller on passe a la suite !!!

La paperasse

Préparation des documents

"La préparation minutieuse des documents est le pilier de la réussite dans tout projet, qu'il s'agisse d'un voyage, d'un travail ou d'une entreprise."

Le principe de rassembler les papiers est de s'assurer que tu as tous les documents importants nécessaires pour louer un appartement, tels que les papiers d'identité, les contrats de travail et autres sources de revenues réguliers.
Cela te permet de présenter une demande de location complète et de montrer que tu es un locataire fiable.

Les papiers les plus importants qu'il te faut

Papiers d'identité

Cela inclut une pièce d'identité comme ta carte d'identité, ton passeport ou ton permis de conduire. Assure-toi que ces documents sont à jour.

Contrats de travail

Si tu travailles, tu devras fournir une preuve de revenu. Les contrats de travail et les fiches de paie sont souvent nécessaires pour cela.

Cautionnaire

Les propriétaires ou agences peuvent demander un cautionnaire, c'est-à-dire quelqu'un qui paie ton loyer si tu ne peux pas le faire. Souvent, les cautionnaires sont des membres de la famille ou des amis proches qui ont les moyens financiers de t'aider en cas de besoin.

Et si je n'ai pas de contrat de travail mais que je peux percevoir des aides de l'état ?

Si tu n'as pas de revenu provenant d'un travail et que tu as des aides de l'État, tu devras peut-être fournir des documents supplémentaires pour prouver que tu peux payer le loyer.

Tu peux obtenir une attestation de la Caisse d'Allocations Familiales (CAF) ou de la Mutualité Sociale Agricole (MSA) pour prouver que tu reçois des aides de l'État.
Si tu es dans cette situation, il est important de parler avec le propriétaire ou l'agence immobilière pour comprendre leurs exigences spécifiques et les documents dont tu as besoin.

Pour conclure

Avoir tous les documents est très important lorsque tu cherches un appartement.
Assure-toi d'avoir tes papiers d'identité à jour, tes contrats de travail, d'autres revenues reguliers pour que tu sois prêt à louer un appartement.

MES DOCUMENTS

Maintenant que tu as rassemblé tous les documents nécessaires pour louer un appartement, il est temps de passer à l'étape suivante :

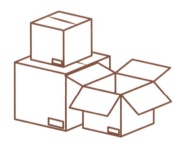

Emballe tes affaires !!!

Emballage des affaires

« Le déménagement est un pas vers l'avenir, un nouveau départ pour un nouveau chapitre de la vie »

Il est temps de commencer à emballer tes affaires. Voici ce que tu dois faire pour t'aider à décider quoi emporter et comment procéder a l'emballage

Fais le tri dans tes affaires

Décide ce que tu veux garder, ce que tu peux donner à des amis ou à des associations caritatives, et ce que tu veux jeter.

MA LISTE

fais une liste de tout ce que tu as décidé d'emporter avec toi, cela t'aidera à te rappeler de tout.

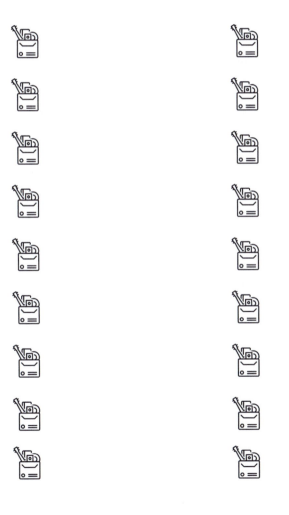

Prépare les fournitures

Trouve ou achète des carton, du ruban adhésif, du papier bulle et des marqueurs.

Emballe tes affaires

Utilise du papier bulle pour les objets fragiles, et remplis les cartons avec les articles les plus lourds en bas et les plus légers en haut.
Évite de surcharger les cartons pour qu'ils soient plus faciles à porter.

Marque les cartons

Écris sur chaque carton ce qu'il contient et dans quelle pièce il doit être placé dans ton nouvel appartement.

En suivant ces étapes simples, tu pourras **emballer tes affaires de manière organisée** et te sentir prêt à déménager.

VROUMMM

Le transport

« Le transport de tes biens est la transition physique qui t'amènera de l'ancien chez toi vers un nouveau lieu de vie où de nouvelles aventures t'attendent. »

Maintenant que tu as emballé toutes tes affaires, tu dois trouver un moyen de les transporter jusqu'à ta nouvelle résidence.

Quelques étapes simples pour t'aider

Évalue la quantité de biens à transporter

Avant de planifier le transport de tes biens, tu dois évaluer combien d'objets tu as à transporter. Cela te permettra de déterminer par quel moyen tu vas pouvoir t'organiser.

Planifie le transport

Selon la quantité, tu devras planifier le transport en louant un camion ou en faisant appel à une entreprise de déménagement.
Si tu optes pour l'entreprise de déménagement, il est important de faire des recherches pour trouver une entreprise fiable et abordable.
Tu peux demander des devis à plusieurs entreprises pour comparer les prix et les services proposés.

Emballe tes affaires

Assure-toi d'emballer toutes tes affaires de manière appropriée dans des cartons ou des sacs pour éviter qu'elles ne soient endommagées pendant le transport.
Il est important de bien emballer les objets fragiles pour qu'ils ne se cassent pas pendant le transport.

Étiquette les cartons

Pour faciliter le déballage des cartons dans ton nouveau logement, il est important de les étiqueter en indiquant leur contenu.

De cette façon, tu sauras ce qu'il y a dans chaque cartons et tu pourras les ranger plus facilement dans ton nouveau lieu de vie.

Charge le véhicule

Lorsque tu transportes tes biens, il est important de les charger soigneusement dans le véhicule pour éviter qu'ils ne bougent pendant le transport.

Les objets lourds doivent être placés en bas et les objets légers en haut pour éviter qu'ils ne s'abîment ou ne tombent.

Décharge le véhicule

Lorsque tu arrives dans ton nouveau chez toi, décharge soigneusement le véhicule en veillant à ne pas abîmer les objets pendant le déchargement.

Tu peux demander de l'aide à tes amis ou à ta famille pour décharger tes biens si tu as beaucoup de choses.

Maintenant que tu as bien déménagé et que tout est en place, il est temps de passer à la prochaine étape :

Tu vas frotter, nettoyer, récurer et j'en passe ...

Apprentissage des tâches ménagères

« Les tâches ménagères sont le reflet de notre engagement envers notre propre bien-être et celui de notre environnement. »

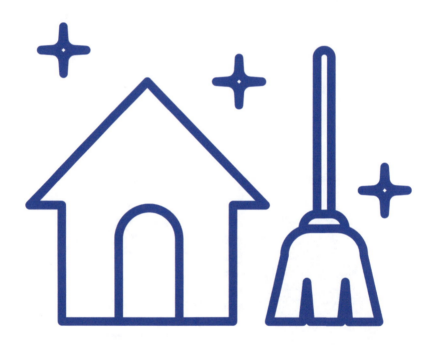

Il est important de savoir comment t'occuper de tes tâches ménagères, comme la vaisselle, le nettoyage et le lavage de vêtements.
Cela peut sembler ennuyeux, mais c'est important de garder ta maison propre et bien rangée.

Voici quelques astuces pour t'aider

Organiser son espace

Pour organiser ton espace de vie, range tes vêtements, tes chaussures et tout ce qui traîne sur le sol ou sur les meubles. Tu peux utiliser des boîtes ou des paniers pour ranger des objets similaires ensemble.
Cela t'aidera à te sentir plus à l'aise chez toi et à te concentrer sur les tâches ménagères .

Passer l'aspirateur ou le balai et la serpillère

Pour garder ton chez toi propre et confortable, tu dois nettoyer les sols régulièrement.
Pour ce faire, tu peux utiliser un balai ou un aspirateur pour enlever la poussière et les débris.

Voici les étapes de bases pour y procéder

1. Branche l'aspirateur ou prends le balai et éventuellement une pelle à poussière pour ramasser les plus grosses saletés.

2. Passe l'aspirateur ou le balai sur l'ensemble de la pièce en faisant des mouvements réguliers, de préférence en partant du fond de la pièce et en allant vers la sortie.

3. N'oublie pas de passer l'aspirateur ou le balai sous les meubles et dans les coins de la pièce.

Conseils

▶ Vide régulièrement le sac de l'aspirateur et nettoyer les filtres pour qu'il fonctionne bien.

Ensuite, a la page suivante tu trouveras les étapes pour passer la serpillère. Et oui il te faut éliminer la saleté tenace et les taches car l'aspirateur ne fais pas tout !!

Prépare ton matériel

Prends une serpillère propre et un seau rempli d'eau tiède.
Ajoute un nettoyant adapté pour sol.

Trempe la serpillère dans l'eau

Trempe la serpillère dans le seau d'eau tiède et essore-la pour enlever l'excès d'eau.
Tu ne veux pas que le sol soit trop mouillé !

Commence à nettoyer

Commence par le coin le plus éloigné de la porte et viens vers celle-ci.
Utilise de petits mouvements circulaires pour nettoyer chaque zone. Évite de mettre trop de pression sur la serpillère, sinon tu risques d'étaler la saleté.

Rince souvent la serpillère

Rince régulièrement la serpillère dans l'eau tiède pour enlever la saleté et les produits de nettoyage. Essore-la bien avant de continuer.

Change l'eau si nécessaire

Si l'eau devient très sale ou si tu nettoies une grande surface, il peut être nécessaire de changer l'eau pour ne pas étaler la saleté.

Laisse sécher

Une fois que tu as fini de nettoyer, laisse le sol sécher à l'air libre.
Évite de marcher sur le sol tant qu'il n'est pas sec pour éviter de laisser des traces de pas.

Pour finir

Assure-toi de nettoyer les sols de toutes les pièces de ta maison, comme la cuisine, la salle de bain et les chambres à coucher.
Cela te permettra de garder un chez toi propre et agréable à vivre.
De plus pense a te déchaussé pour garder le sol propre plus longtemps

Faire la lessive

Tu es prêt à devenir le roi ou la reine des tâches ménagères ?
Alors, voici quelques étapes a suivre pour que tu deviennes un pro de la lessive

- **Trie tes vêtements**

Il est important de trier tes vêtements avant de les laver, pour éviter que les couleurs se mélangent. Sépare tes vêtements en fonction de leur couleur, en mettant les blancs et couleurs à part, etc.

- **Vérifie les étiquettes**

Avant de mettre tes vêtements dans la machine à laver, assure-toi de bien lire les étiquettes pour connaître la température de lavage, le type de lessive à utiliser, etc.
Exemple a la suite !!!

Par exemple, si tu as un T-shirt rouge avec écrit "lavage à froid" sur l'étiquette, tu devras le mettre dans la machine à laver à une température basse pour éviter que la couleur ne déteigne ou ne s'abîme.

Si tu as un pantalon en coton qui doit être lavé à l'eau chaude, assure-toi de le mettre dans la machine avec des vêtements de la même couleur pour éviter les taches ou les décolorations.

- **Prépare la machine à laver**

Mets la quantité de lessive appropriée dans le compartiment prévu à cet effet et choisis le programme de lavage approprié en fonction de tes vêtements.

Aller je suis gentil je te donne quelques exemples de types de vêtements et de matériaux courants, avec des instructions de lavage appropriées :

- **Le Coton**

Lave-le en machine à l'eau tiède ou chaude.
utilise environ 1/2 tasse (125 ml) de détergent standard pour une charge de taille moyenne.
Utilise le cycle de lavage normal et sèche-le à haute température ou laisse-le sécher à l'air libre.

- **La Laine**

Lave-la à la main ou en machine à l'eau froide, avec un détergent spécial pour laine en suivant correctement les instructions sur l'emballage.
Utilise le cycle de lavage délicat et sèche-la à plat.

- **Cachemire**

Lave-le à la main ou en machine à l'eau froide, avec un détergent doux pour le cachemire.
Utilise le cycle de lavage délicat et sèche-le à plat.

- **Les Jeans**

Lave-les en machine à l'eau froide ou tiède.
utilise environ 1/2 tasse (125 ml) de détergent standard pour une charge de taille moyenne.
Utilise le cycle de lavage normal et sèche-les à basse température.

- **Les Vêtements de sport**

Lave-les en machine à l'eau froide ou tiède.
utilise un détergent doux pour les vêtements de sport et suis les instructions sur l'emballage pour la quantité à utiliser.
Utilise le cycle de lavage normal et sèche-les à basse température ou laisse-les sécher à l'air libre.

- **Charge la machine**

Place tes vêtements dans la machine à laver en veillant à ne pas la surcharger.
effectivement ,Évalue la quantité de vêtements !! assure-toi de ne pas surcharger la machine en fonction de sa capacité maximale.
Tu peux généralement trouver cette information sur la machine elle-même.

- **Lance la machine**

Appuie sur le bouton de démarrage pour lancer le programme de lavage.
Ça va… C'est pas compliquer ta fais le plus difficile !!!

- **Séchage**

Pour le séchage de tes vêtements, il y a deux options :

Soit tu les fais sécher à l'air libre, soit tu les mets dans un sèche-linge. Si tu choisis de les faire sécher à l'air libre, tu peux les étendre sur un fil à linge ou sur un étendoir à linge.
Si tu optes pour le sèche-linge, assure-toi de bien lire les instructions sur l'étiquette de chaque vêtement pour connaître la température appropriée et la durée de séchage.

Si tu mets trop de vêtements dans le sèche-linge, cela peut prendre plus de temps pour qu'ils soient complètement secs.
Par exemple, si tu as un pull en laine, il est préférable de le faire sécher à plat plutôt que de le mettre dans le sèche-linge pour éviter de le rétrécir ou de l'endommager.
De même, les vêtements en coton peuvent être séchés à l'air libre ou dans le sèche-linge à basse température.
Les vêtements de sport peuvent être séchés à l'air libre ou dans le sèche-linge à basse température pour éviter de les abîmer.

Il est également important de vider régulièrement le filtre du sèche-linge pour éviter les risques d'incendie.

Ok tout ce blabla c'est bien mais sa représente quoi les étiquettes ?
Je comprends que tu te demandes ce que signifient les étiquettes sur les vêtements.
Ne t'inquiètes pas, j'ai tout prévu !
Tu penses qu'il y a quoi de l'autre côté de la page ?

Symboles de lavage

- **Lavage**

 Le vêtement ne doit pas être lavé en machine.

 Le vêtement doit être lavé à la main, à une température maximale de 40 °C.

 Il faut utiliser un programme synthétique (vitesse de lavage normale, essorage réduit).

 Il faut utiliser un programme laine ou linge délicat.

 Programme coton avec lavage, rinçage et essorage.

 Le vêtement doit être lavé à la main, à une température maximale de 40 °C.

- **Le séchage en machine**

 Le séchage en machine est interdit.

 Séchage à 60 °C au maximum.

 Séchage à 80 °C au maximum.

- **Le séchage naturel**

  ▭ Séchage à plat après essorage en machine.

  ▭ Séchage à plat sans essorage en machine.

  ▭ Séchage sur fil sans essorage en machine.

  ▭ Séchage sur fil après essorage en machine.

  ▭ Le séchage à l'ombre est conseillé.

- **Le repassage**

  ⌂ Repassage à une température maximale de 110 °C.

  ⌂ Repassage à une température maximale de 150 °C

  ⌂ Repassage à une température maximale de 200 °C

  ⌂ Le vêtement ne se repasse pas.

- **Le blanchiment**

 Tous les types de blanchiment sont autorisés.

 Seul le blanchiment à base d'agents oxygénés est autorisé.

 Le blanchiment est à proscrire.

- **Le nettoyage professionnel**

 Nettoyage à sec est interdit.

 Nettoyage à l'eau est interdit.

 Nettoyage normal.

 Lavage modéré.

 Lavage très modéré.

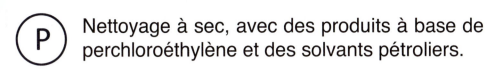 Nettoyage à sec, avec des produits à base de perchloroéthylène et des solvants pétroliers.

Ⓕ Nettoyage à sec uniquement avec des solvants pétroliers.

Ⓦ Nettoyage professionnel à l'eau.

- **Le rinçage et l'essorage**

▶ Si tu as un symbole de lavage sans soulignement, tu peux utiliser un programme de lavage normal avec essorage normal et une température de rinçage identique.

▶ Si le symbole est souligné d'un trait, choisis un rinçage moins chaud et un essorage réduit.

▶ Si le symbole est souligné de deux traits, fais attention aux fibres du vêtement et opte pour un lavage doux avec un rinçage moins chaud et un essorage réduit.

Faire la vaisselle

Après avoir mangé et utilisé tes assiettes, il est important de les laver et de les ranger.

Tu peux commencer par gratter les restes de nourriture avec une spatule ou une éponge.
Ensuite, lave la vaisselle à l'eau chaude avec un nettoyant à vaisselle et une éponge.

Assure-toi de bien rincer la vaisselle à l'eau claire pour qu'il ne reste pas de savon.
Pour les couverts tranchants comme les couteaux, fais attention en les lavant pour ne pas te couper.

Ensuite, pour la cuisine, il est important de nettoyer les surfaces avec un produit de nettoyage et une éponge ou un chiffon propre.
Tu peux nettoyer le comptoir, la table, le four, la cuisinière, le micro-ondes et même le réfrigérateur.
Il faut enlever les miettes et les taches pour éviter les bactéries et les germes.
N'oublie pas de laver aussi les ustensiles de cuisine comme les planches à découper, les spatules et les casseroles.

Un exemple avec une casserole, une poêle, des couverts, des verres et une passoire

1. Prépare votre évier

Remplis un évier avec de l'eau chaude et ajoute du produit nettoyant pour la vaisselle.

2. Nettoies la casserole

Frotte la casserole avec une éponge douce pour enlever la saleté et la graisse. Si la casserole est très sale, ajoute du produit nettoyant directement sur l'éponge pour faciliter le nettoyage.

3. Nettoies la poêle

Utilise la même méthode pour nettoyer la poêle, en faisant attention à ne pas rayer le revêtement anti-adhésif.

4. Nettoies les couverts

Plonge les couverts dans l'eau savonneuse et frotte-les avec une éponge douce. Rince-les à l'eau chaude.

5. Nettoies les verres

Frotte délicatement avec une éponge douce pour éviter de les rayer.

6. Nettoies la passoire

Utilise une brosse à poils doux pour enlever les particules de nourriture.

7. Rince la vaisselle

Rince tous les articles à l'eau chaude pour éliminer tout résidu de produit nettoyant.

8. Égoutte la vaisselle

Égoutte la vaisselle et essuie la avec un torchon propre.

9. Range la vaisselle

Range la dans les placards, une fois que la vaisselle est sèche.

Vide les poubelles

Pour que tu gardes ton logement propre et agréable, il est important de vider les poubelles régulièrement.

En vidant régulièrement les poubelles, tu évites les mauvaises odeurs et les risques d'invasion de nuisibles.

Et en faisant également le recyclage, tu contribues à préserver l'environnement en réduisant la quantité de déchets envoyée en décharge.
Identifier les différents types de déchets :
papier, plastique, verre, métal, déchets alimentaires, etc.

J'ai préparé pour toi une liste qui répertorie les différents types de matériaux recyclables, ainsi que leur couleur de recyclage respective.

Le verre
conteneur vert

**Le papier/carton
conteneur bleu**

 **Les métaux (aluminium)
conteneur jaune**

 **Les plastiques
conteneur jaune**

 **Les déchets organiques
composteur marron, noir**

**Les déchets dangereux (piles, batteries...)
points de collecte spécifiques**

Ces couleurs peuvent varier selon les régions ou les pays. Il est important de se renseigner sur les règles de tri de sa propre localité.

Pour résumé

Les tâches ménagères sont les activités qui doivent être effectuées régulièrement pour maintenir une maison propre et organisée.
Ces tâches comprennent le nettoyage des différentes pièces de la maison, le lavage et le repassage du linge, la vaisselle, la gestion des déchets...

Il est important de faire régulièrement ces tâches pour maintenir un environnement sain et agréable à vivre et surtout que tu puisses récupérer ta caution !!

Maintenant que tu as appris les tâches ménagères, on vas passer à une étape un peu plus intéressante de la vie domestique.

la cuisine

Apprendre la cuisine

"La cuisine est un art qui nourrit à la fois le corps et l'esprit."

Avant de commencer, laisse-moi t'expliquer ce qu'est la cuisine. La cuisine, c'est l'art de transformer les ingrédients en plats délicieux et nourrissants. Elle permet de se faire plaisir, de découvrir de nouvelles saveurs, de partager des moments conviviaux et de prendre soin de soi et de ses proches.

Je vais te guider dans l'apprentissage de la cuisine en te proposant des recettes adaptées à ton niveau.
On va commencer par deux recettes très simples.
Ensuite, on passera à deux recettes intermédiaires.
Puis on terminera par deux recettes plus techniques.
Et pour t'aider à cuisiner, je te donnerai une liste des temps de cuisson en fonction des ingrédients courants.
Mais avant de commencer à cuisiner, n'oublie pas qu'il est important de nettoyer tes ustensiles et ta cuisine avant et après chaque utilisation.
Cela te permettra de travailler dans un environnement propre et sain, et de prolonger la durée de vie de tes équipements.

Si tu prend goûts a la cuisine, j'ai écrit un livre de cuisine intitulé "On mange quoi ? Des idées pour tous les goûts" qui propose 30 recettes simples ainsi que 3 recettes gastronomiques.
Dans ce livre, j'ai partagé mon expérience et mes connaissances pour aider les gens à cuisiner facilement des plats savoureux. Les recettes proposées conviennent à tous les niveaux.

Vous pouvez retrouver mon livre sur Amazon et commencer à explorer de nouvelles saveurs dès maintenant !

Comment apprendre à cuisiner !

Avant tout, il faut comprendre que la cuisine, c'est pas sorcier et que tu peux t'améliorer avec un peu de temps et de pratique.

Pour commencer, il faut apprendre les différents ingrédients et équipements de cuisine.
Cela peut paraître un peu barbant, mais c'est important de savoir comment cuire tes ingrédients, à quelle température et pendant combien de temps. Il faut aussi connaître les différents outils pour préparer tes plats.

Un truc sympa pour débuter, c'est de se lancer dans des recettes faciles comme des pâtes, des soupes ou des salades.
Tu peux trouver plein de recettes en ligne ou demander à un membre de ta famille, un pote de t'aider ou acheter mon livre en ligne sur Amazon.

Une fois que tu maîtrises les bases, tu peux t'amuser à tester des recettes plus complexes et des techniques plus avancées.
Surtout, n'oublie pas que la cuisine, c'est créatif et tu peux ajouter ta touche perso à une recette !
Tu peux utiliser tes ingrédients préférés ou ajuster les quantités selon tes goûts.

Après avoir préparé ton repas, il est important de nettoyer ta cuisine pour que ça soit propre et prêt pour ta prochaine aventure culinaire.

Bien sûr, n'hésite pas à regarder la liste des ingrédients et leur cuisson associée lorsque tu prépares une recette.
Cela t'aidera à mieux comprendre la manière dont les différents ingrédients sont utilisés dans une recette et comment ils interagissent les uns avec les autres. En apprenant les temps de cuisson appropriés pour chaque ingrédient, tu pourras également préparer des plats plus savoureux et mieux cuits.

En bref, apprendre à cuisiner c'est génial et ça peut être très utile dans la vie quotidienne.

La pratique régulière te permettra de devenir de plus en plus confiant dans la cuisine, alors n'aie pas peur de te lancer et de t'amuser en explorant de nouvelles recettes!

Prêt à commencer ?

Alors tourne la page, enfile ton tablier et prépare-toi à épater tes proches avec tes talents culinaires !

Chaque recette sera détaillée et très claire à suivre, accompagnée de conseils pour t'aider à réaliser les plats avec succès.

N'oublie pas que la cuisine est un processus expérimental et créatif, donc ne sois pas trop dur avec toi-même si tu ne réussis pas parfaitement dès le début.
Prends ton temps, suis les instructions de la recette et n'hésite pas à demander de l'aide si tu en as besoin.

La cuisine est une compétence précieuse et enrichissante qui peut t'apporter beaucoup de satisfaction et de joie.

bon appétit

SOUPE DE POTIRON

PERSONNES : 2   PREPARATION : 20 MIN   CUISSON : 40 MIN

Ingrédients

500g de potiron

 1 oignon

1 gousse d'ail

 500ml de bouillon de légumes

50ml de crème fraîche

 Huile d'olive

Sel et poivre

Ustensiles

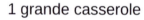 1 grande casserole

1 mixeur ou blender

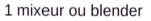 1 cuillère en bois

Préparation

- Dans une casserole moyenne, fais chauffer l'huile d'olive à feu moyen et ajoute l'oignon et l'ail. Fais cuire pendant environ 5 minutes ou jusqu'à ce que l'oignon soit translucide.

- Ajoute le potiron coupé en cube dans la casserole et fais-le cuire pendant environ 10 minutes en remuant régulièrement.

- Ajoute le bouillon de légumes dans la casserole et laisse mijoter pendant environ 20 minutes jusqu'à ce que le potiron soit bien cuit.

- Retire la casserole du feu et utilise un mixeur plongeant ou un blender pour mixer la soupe jusqu'à ce qu'elle soit lisse.

- Ajoute la crème fraîche dans la soupe et remue bien.

Conseils

- Tu peux ajouter d'autres épices comme la muscade ou le curry pour donner plus de saveur à ta soupe.

- Si tu préfères une soupe plus épaisse, ajoute moins de bouillon de légumes.

- N'hésite pas à ajuster les quantités d'ingrédients selon tes préférences.

POULET RÔTI, POMMES DE TERRES

PERSONNES : 2 **PREPARATION : 20 MIN** **CUISSON : 90 MIN**

Ingrédients

1 poulet entier de 1,2 kg

 4 pommes de terre moyennes

1 gousse d'ail

 2 cuillères à soupe d'huile d'olive

1 cuillère à soupe de thym séché

 Sel et poivre

1 tasse d'eau

Ustensiles

Un plat allant au four

Un couteau de cuisine

Un éplucheur de pommes de terre

Une cuillère à soupe

Un pinceau de cuisine

Préparation

- Préchauffe ton four à 200°C (thermostat 6-7).

- Épluche les pommes de terre et coupe-les en cubes de taille moyenne. Place-les dans le plat allant au four.

- Épluche la gousse d'ail et coupe-la en petits morceaux. Saupoudre l'ail sur les pommes de terre.

- Ajoute une cuillère à soupe d'huile d'olive sur les pommes de terre, puis ajoute une cuillère à soupe de thym séché. Sale et poivre selon ton goût. Mélange bien le tout pour que les pommes de terre soient bien enrobées.

- Place le poulet sur le dessus des pommes de terre.

- Badigeonne le poulet avec une cuillère à soupe d'huile d'olive, puis saupoudre-le de thym séché. Sale et poivre selon ton goût.

- Ajoute une tasse d'eau au fond du plat, puis met le tout au four pendant environ 1 heure et 15 minutes.

- Après 45 minutes de cuisson, sors le plat du four et badigeonne à nouveau le poulet avec le jus de cuisson. Replace le plat au four et continue à cuire pendant 30 minutes supplémentaires.

Préparation

- Une fois cuit, sors le plat du four et laisse-le reposer pendant 10 minutes avant de le servir.

Conseils

- Si tu veux que le poulet soit plus croustillant, tu peux augmenter la température du four à 220°C (thermostat 7-8) pendant les 15 dernières minutes de cuisson.

- Tu peux ajouter des légumes supplémentaires comme des carottes ou des oignons pour plus de saveurs et de nutriments.

- Assure-toi de vérifier que le poulet est bien cuit avant de le servir. Vérifier cela en insérant un thermomètre à viande dans la partie la plus épaisse de la viande, qui devrait afficher une température interne de 75°C.

LA PIZZA MARGHERITA

PERSONNES : 2-3   PREPARATION : 20 MIN   CUISSON : 90 MIN

Ingrédients

Ingrédients pour la pâte :

250g de farine

1 sachet de levure boulangère

1/2 cuillère à café de sel

1 cuillère à café de sucre

1 cuillère à soupe d'huile d'olive

150ml d'eau tiède

Ingrédients pour la garniture :

Fromage (gruyère)

2 tomates mûres

Feuilles de basilic frais

Sel et poivre

Huile d'olive

Ustensiles

Un saladier

Un fouet

Un rouleau à pâtisserie

Un plat à pizza

Du papier sulfurisé

Préparation

Préparation de la pâte :

- Dans un saladier, mélange la farine, la levure, le sel et le sucre.

- Ajoute l'huile d'olive et l'eau tiède petit à petit tout en pétrissant la pâte avec tes mains. Continue à pétrir jusqu'à ce que la pâte soit souple et élastique.

- Recouvre le saladier avec un torchon propre et laisse reposer la pâte pendant environ 1 heure à température ambiante.

- Préchauffe le four à 220°C.

- Farine légèrement le plan de travail et étale la pâte avec un rouleau à pâtisserie pour obtenir une forme ronde.

- Dispose la pâte sur du papier sulfurisé et place-la sur un plat à pizza.

Préparation

Préparation de la garniture :

- Étale une cuillère à soupe d'huile d'olive sur la pâte à pizza.

- Coupe les tomates en rondelles et dispose-les sur la pâte.

- Coupe la mozzarella en tranches et dispose-les également sur la pâte.

- Sale et poivre la pizza selon tes goûts.

- Enfourne la pizza pendant environ 15 minutes jusqu'à ce que la pâte soit dorée.

- Une fois sortie du four, dispose quelques feuilles de basilic frais sur la pizza et sers chaud.

Conseils

- Tu peux ajouter d'autres ingrédients à ta pizza margherita comme des olives, du jambon, ou des champignons selon tes goûts.

- Pour obtenir une pâte encore plus croustillante, tu peux cuire la pizza sur une pierre à pizza préchauffée à l'avance.

La cuisson

Utilise un minuteur :

Un minuteur est un outil très pratique pour t'assurer que tes aliments sont cuits parfaitement. Lorsque tu commences à cuisiner un plat, règle simplement ton minuteur en fonction du temps approximatif de cuisson dont tu as besoin, et laisse-le compter jusqu'à zéro. Cela t'aidera à ne pas perdre de vue le temps de cuisson et à t'assurer que ton plat est bien cuit.

Utilise tes sens :

En cuisine, il est important d'utiliser tes sens pour t'aider à déterminer si un plat est cuit ou non. Par exemple, tu peux utiliser ton odorat pour sentir si un plat commence à sentir bon ou si tu détectes une odeur de brûlé, tu sais qu'il est temps de retirer le plat du feu. Tu peux également utiliser ta vue pour vérifier la couleur et la texture des aliments, ou ton palais pour goûter les aliments et vérifier s'ils sont cuits à ton goût.

Réfère-toi aux instructions de la recette :

Lorsque tu utilises une recette, il est important de lire attentivement les instructions pour savoir combien de temps chaque ingrédient doit cuire. Les temps de cuisson peuvent varier en fonction des ingrédients utilisés et de la méthode de cuisson, donc en lisant attentivement les instructions, tu peux t'assurer que tu cuisines chaque ingrédient pendant le bon laps de temps.

Pratique et fais des erreurs :

Enfin, rappelle-toi que la cuisine est un art qui nécessite de la pratique et de l'expérience. Même si tu fais des erreurs de temps en temps, c'est un moyen d'apprendre et de t'améliorer pour la prochaine fois.

J'ai préparé pour toi une petite liste d'ingrédients avec leur temps de cuisson correspondant. Cette liste peut t'aider à mieux comprendre le temps de cuisson nécessaire pour chaque ingrédient.

Légumes :

 Asperges : fais-les cuire pendant 8-10 minutes dans de l'eau bouillante salée.

 Brocoli : fais-le cuire à la vapeur pendant 5-7 minutes.

 Carottes : fais-les cuire pendant 10-15 minutes dans de l'eau bouillante salée.

 Champignons : fais-les sauter pendant 5-7 minutes.

 Courgettes : fais-les sauter pendant 5-7 minutes.

 Épinards : fais-les cuire à la vapeur pendant 3-5 minutes.

 Haricots verts : fais-les cuire à la vapeur pendant 5-7 minutes.

 Patates douces : fais-les cuire au four à 200°C pendant 20-30 minutes.

Poivrons : fais-les cuire au four à 200°C pendant 10-15 minutes.

 Tomates : fais-les cuire à la poêle ou au four à 200°C pendant 10-15 minutes.

 Pommes de terre :
fais-les cuire à l'eau bouillante salée pendant 20-25 minutes, ou au four à 200°C pendant 45-60 minutes.

 Aubergines : fais-les cuire au four à 200°C pendant 25-30 minutes, ou à la poêle pendant 10-15 minutes de chaque côté.

 Courges : fais-les cuire au four à 200°C pendant 30-45 minutes, ou à la vapeur pendant 15-20 minutes.

 Poireaux : fais-les cuire à la vapeur pendant 10-15 minutes, ou à la poêle pendant 10-15 minutes.

 Choux de Bruxelles : fais-les cuire à la vapeur pendant 8-10 minutes, ou fais-les rôtir au four à 200°C pendant 15-20 minutes.

Pâtes et céréales :

 Riz : fais-le cuire à feu doux dans de l'eau bouillante salée pendant 18-20 minutes.

 Pâtes : fais-les cuire dans de l'eau bouillante salée pendant 8-12 minutes.

 Quinoa : fais-le cuire dans de l'eau bouillante salée pendant 15-20 minutes.

Viandes :

 Poulet : fais-le cuire au four à 200°C pendant 20-25 minutes, ou fais-le griller à la poêle ou au barbecue pendant 10-12 minutes.

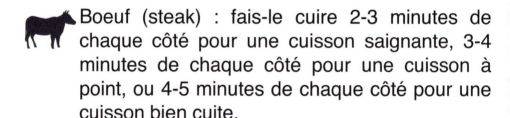 Boeuf (steak) : fais-le cuire 2-3 minutes de chaque côté pour une cuisson saignante, 3-4 minutes de chaque côté pour une cuisson à point, ou 4-5 minutes de chaque côté pour une cuisson bien cuite.

Porc : fais-le cuire au four à 180°C pendant 25-30 minutes, ou fais-le griller à la poêle ou au barbecue pendant 10-12 minutes.

Agneau : fais-le cuire au four à 180°C pendant 15-20 minutes, ou fais-le griller à la poêle ou au barbecue pendant 8-10 minutes.

Poissons :

 Poisson (filet) : fais-le cuire au four à 180°C pendant 10-12 minutes, ou fais-le cuire à la poêle pendant 4-6 minutes.

 Fruits de mer (crevettes, calamars, moules, etc.) : fais-les cuire à la poêle ou au barbecue pendant 3-5 minutes.

Oeufs :

 Oeuf à la coque : fais-le cuire dans de l'eau bouillante pendant 3 minutes.
Oeuf dur : fais-le cuire dans de l'eau bouillante pendant 10 minutes.

N'oublie pas que ces temps de cuisson peuvent varier selon la taille et l'épaisseur des ingrédients, ainsi que selon tes préférences personnelles de cuisson.

Voici une liste a titre indicative pour aider a comprendre pourquoi il faux faire cuire les aliments.

Viande :

La viande crue peut contenir des bactéries qui peuvent causer des maladies. Assure-toi donc de cuire la viande jusqu'à ce qu'elle atteigne une température interne sûre. Les temps de cuisson varient en fonction du type de viande et de la méthode de cuisson utilisée.

Légumineuses :

Les légumineuses comme les haricots, les lentilles et les pois chiches doivent être cuits avant d'être consommés. Ils peuvent causer des flatulences et être difficiles à digérer s'ils ne sont pas suffisamment cuits.

Riz :

Le riz cru peut contenir des spores de bactéries qui peuvent causer des intoxications alimentaires. Assure-toi de cuire le riz jusqu'à ce qu'il soit bien cuit et qu'il ait une texture moelleuse.

Pâtes :

Les pâtes doivent également être cuites avant d'être consommées pour éviter tout risque de maladie alimentaire. Les temps de cuisson varient en fonction de la variété de pâtes et de la texture souhaitée.

Poisson :

Le poisson cru peut être porteur de bactéries et de parasites qui peuvent causer des maladies. Il est important de cuire le poisson jusqu'à ce qu'il soit opaque et que la chair se détache facilement des os.

Volaille :

La volaille crue peut également contenir des bactéries dangereuses. Assure-toi de cuire la volaille jusqu'à ce qu'elle atteigne une température interne sûre. Les temps de cuisson varient en fonction du type de volaille et de la méthode de cuisson utilisée.

Il est important de ne pas recongeler les aliments après les avoir décongelés car les cristaux de glace fondus peuvent créer un terrain fertile pour la croissance des bactéries, ce qui peut causer des maladies d'origine alimentaire.

Style de Vie

"Le style de vie est une quête personnelle de sens et de bonheur, une recherche incessante qui nécessite une remise en question constante."

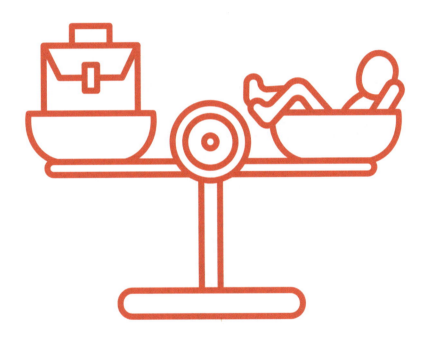

Le style de vie implique de prendre en compte tes intérêts, tes passions et tes valeurs, et de construire ta vie indépendante autour de ces éléments.

Si tu veux développer un système d'organisation pour mieux gérer ton temps, ton argent et tes tâches quotidiennes au sein de ton logement, je vais te donner quelques conseils pratiques.

Tout d'abord, prends le temps de réfléchir à tes habitudes et à tes besoins personnels.

Par exemple, si tu préfères les outils visuels, tu peux créer des tableaux de bord ou des listes de tâches pour t'aider à suivre tes progrès.

Si tu préfères la technologie, des applications mobiles peuvent t'aider à gérer ton temps et tes finances.

Ensuite, définis tes priorités.

Quelles sont les tâches les plus importantes à accomplir chaque jour, chaque semaine ou chaque mois ?

En te concentrant sur ces tâches prioritaires, tu peux être plus productif et avancer plus rapidement dans tes projets.

Pour gérer ton temps efficacement, utilise un calendrier pour planifier tes journées et tes semaines. Tu peux également diviser tes journées en blocs de temps pour rester concentré sur une tâche à la fois. Si tu as des tâches récurrentes, comme les courses ou le nettoyage, planifie-les à des moments précis de la journée ou de la semaine pour mieux t'organiser.

Pour la gestion de ton argent, crée un budget et suis tes dépenses pour éviter de dépenser plus que ce que tu peux te permettre.
Les applications de suivi des dépenses peuvent t'aider à mieux comprendre tes habitudes de consommation et à garder une trace de tes dépenses quotidiennes.

En résumé

Développer un système d'organisation efficace c'est mieux gérer ton temps, ton argent et tes tâches quotidiennes au sein de ton logement, pense à tes habitudes et à tes besoins personnels, définis tes priorités, planifie ton temps, suis tes dépenses et crée des listes de tâches.

En mettant en place ces outils et en les adaptant à tes besoins, tu pourras mieux gérer ta vie quotidienne et accomplir tes objectifs plus efficacement.

Pour maintenir des relations sociales saines avec tes amis et ta famille, je vais te donner quelques idées pratiques.

Tout d'abord, prends l'initiative de prendre contact avec tes amis et ta famille.
Envoie-leur un message ou un appel pour prendre des nouvelles ou pour organiser une sortie. Si tu n'es pas sûr de quoi dire, pense à un sujet de discussion que vous avez en commun ou demande-leur simplement comment ils vont.

Ensuite, fais un effort pour être présent.
Si tes amis ou ta famille te proposent de sortir, essaie de dire oui le plus souvent possible. Si tu es trop occupé pour une sortie, propose-leur une alternative comme un appel ou une visioconférence.

Pour maintenir des relations saines, il est important d'être à l'écoute. Prends le temps d'écouter ce que tes amis et ta famille ont à dire.
Pose-leur des questions et montre de l'intérêt pour ce qu'ils racontent. Si tu es en désaccord avec quelque chose, essaie d'être respectueux et ouvert à leur point de vue.

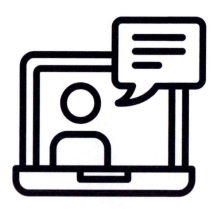

Il est également important de rester en contact régulièrement. Si tu as des amis ou de la famille éloignée géographiquement, envoie-leur régulièrement des messages ou organise des appels réguliers pour garder le contact.

En résumé

Pour maintenir des relations sociales saines avec tes amis et ta famille, prends l'initiative de prendre contact, fais un effort pour être présent, sois à l'écoute, restez en contact régulièrement et renforcez vos liens en participant à des activités ensemble. En prenant ces mesures, tu pourras maintenir des relations sociales saines avec les personnes qui comptent pour toi.

Points clefs du livre

Établissement d'un budget

Etablir un budget est important pour savoir combien d'argent tu peux dépenser pour ton loyer et pour t'assurer que tu vas pouvoir payer toutes tes dépenses mensuelles sans avoir de problèmes financiers.

Recherche de logements

Pour trouver un appartement c'est important de penser à l'endroit, le coût, ce qu'il y a dedans et autour, et de lire le contrat avant de signer pour être sûr que c'est l'appartement qu'il te faut. Avec un peu de patience et de planification, tu peux trouver l'appartement parfait pour toi.

Préparation des documents

Avoir tous les documents est très important lorsque tu cherches un appartement.
Assure-toi d'avoir tes papiers d'identité à jour, tes contrats de travail ou autres revenus réguliers pour que tu sois prêt à louer un appartement.

Emballage des affaires

Si tu veux déménager, tu as besoin de cartons, de ruban adhésif, de papier bulle et de marqueurs. Mets tes affaires dans les cartons en mettant les objets lourds en bas et les légers en haut. Utilise du papier bulle pour les objets fragiles. Marque chaque carton pour savoir ce qu'il contient et où le mettre dans ton nouvel appartement.

C'est facile !

Le transport

Pour organiser ton déménagement, tu dois évaluer la quantité de biens que tu as, planifier le transport, emballer tes affaires, étiqueter les cartons et charger/décharger le véhicule avec soin pour éviter tout dommage.

Apprentissage des tâches ménagères

Pour organiser ton espace de manière efficace, commence par ranger tes vêtements, tes chaussures et tes objets similaires ensemble dans des boîtes ou des paniers.

Pour nettoyer tes sols, je te conseille de passer l'aspirateur ou le balai pour enlever la poussière et les débris, puis de passer la serpillère pour éliminer les saletés tenaces et les taches.

En ce qui concerne ta lessive, n'oublie pas de trier tes vêtements selon leur couleur et de suivre les instructions de lavage appropriées pour éviter d'endommager les tissus.

Enfin, pour maintenir ta cuisine propre, lave régulièrement ta vaisselle, nettoie les surfaces de ta cuisine avec un produit nettoyant et une éponge propre, vide tes poubelles régulièrement et recycle correctement.

Apprendre la cuisine

Utiliser un minuteur en cuisine, c'est super pratique, tu sais !

Mais n'oublie pas d'utiliser aussi tes sens pour savoir si ton plat est bien cuit, en faisant appel à ton odorat, ta vue ou ton goût. Pour connaitre le temps de cuisson exact de chaque ingrédient, lis bien les instructions de ta recette. Et ne te décourage pas si tu fais des erreurs, car en cuisine, l'expérience et la pratique sont les clés du succès.

Une liste d'ingrédients avec leur temps de cuisson correspondant sont a ta disposition .

Style de Vie

Développer un système d'organisation efficace peut t'aider à mieux gérer tout cela.
Commence par réfléchir à tes habitudes et à tes besoins personnels, définis tes priorités, planifie ton temps, suis tes dépenses et crée des listes de tâches.
En adaptant ces outils à tes besoins, tu pourras mieux gérer ta vie quotidienne et accomplir tes objectifs plus efficacement.
Et n'oublie pas de maintenir des relations sociales saines avec tes amis et ta famille. Prends l'initiative de prendre contact, fais un effort pour être présent, sois à l'écoute, restez en contact régulièrement et renforcez vos liens en participant à des activités ensemble.
En prenant ces mesures, tu pourras maintenir des relations sociales saines avec les personnes qui comptent pour toi.

 # Félicitation

Tu as réussi à arriver à la fin du livre, c'est une grande réussite !
Tu as accompli un bon travail en lisant tout cela et j'espère que tu as appris de nouvelles choses intéressantes.

Maintenant, il est temps pour toi de voler de tes propres ailes et de continuer à explorer le monde qui t'entoure. Tu peux utiliser les 30 pages qui te sont données pour suivre tes journées et tes progrès, pour fixer des objectifs et pour continuer à apprendre et grandir.
N'oublie pas que l'apprentissage est un processus continu et que tu peux toujours apprendre de nouvelles choses et te développer en tant que personne.

Je te souhaite bonne chance dans toutes tes futures aventures !

MON SUIVI JOURNALIER

PRIORITÉS

DÉPENSES

NOTES

MON SUIVI JOURNALIER

PRIORITÉS

DÉPENSES

NOTES

MON SUIVI JOURNALIER

PRIORITÉS

DÉPENSES

NOTES

MON SUIVI JOURNALIER

PRIORITÉS

DÉPENSES

NOTES

MON SUIVI JOURNALIER

PRIORITÉS

DÉPENSES

NOTES

MON SUIVI JOURNALIER

PRIORITÉS

DÉPENSES

NOTES

MON SUIVI JOURNALIER

PRIORITÉS   DÉPENSES

NOTES

MON SUIVI JOURNALIER

PRIORITÉS

DÉPENSES

NOTES

MON SUIVI JOURNALIER

PRIORITÉS

DÉPENSES

NOTES

MON SUIVI JOURNALIER

PRIORITÉS

DÉPENSES

NOTES

MON SUIVI JOURNALIER

PRIORITÉS

DÉPENSES

NOTES

MON SUIVI JOURNALIER

PRIORITÉS

DÉPENSES

NOTES

MON SUIVI JOURNALIER

PRIORITÉS

DÉPENSES

NOTES

MON SUIVI JOURNALIER

PRIORITÉS

DÉPENSES

NOTES

MON SUIVI JOURNALIER

PRIORITÉS

DÉPENSES

NOTES

MON SUIVI JOURNALIER

PRIORITÉS

DÉPENSES

NOTES

MON SUIVI JOURNALIER

PRIORITÉS

DÉPENSES

NOTES

MON SUIVI JOURNALIER

PRIORITÉS

DÉPENSES

NOTES

MON SUIVI JOURNALIER

PRIORITÉS

DÉPENSES

NOTES

MON SUIVI JOURNALIER

PRIORITÉS

DÉPENSES

NOTES

MON SUIVI JOURNALIER

PRIORITÉS

_____
_____
_____
_____
_____
_____
_____
_____
_____
_____
_____
_____
_____
_____
_____
_____
_____
_____
_____
_____

DÉPENSES

_____
_____
_____
_____
_____
_____
_____
_____
_____
_____

NOTES

_____
_____
_____
_____
_____
_____
_____
_____
_____
_____

MON SUIVI JOURNALIER

PRIORITÉS

DÉPENSES

NOTES

MON SUIVI JOURNALIER

PRIORITÉS

DÉPENSES

NOTES

MON SUIVI JOURNALIER

PRIORITÉS

DÉPENSES

NOTES

MON SUIVI JOURNALIER

PRIORITÉS

DÉPENSES

NOTES

MON SUIVI JOURNALIER

PRIORITÉS

DÉPENSES

NOTES

MON SUIVI JOURNALIER

PRIORITÉS

DÉPENSES

NOTES

MON SUIVI JOURNALIER

PRIORITÉS

DÉPENSES

NOTES

MON SUIVI JOURNALIER

PRIORITÉS

DÉPENSES

NOTES

MON SUIVI JOURNALIER

PRIORITÉS

DÉPENSES

NOTES

Printed in France by Amazon
Brétigny-sur-Orge, FR